ذِّكْرِ

And indeed We have made
the Qur'an easy to understand
and to remember

قَاعِدَة

يَسَّرْنَا الْقُرْآنَ

QĀ'EDAH

YASSARNAL QUR'AN

قَاعِدَة یَسَّرْنَا الْقُرْآن

"QĀ'EDAH YASSARNAL QUR'AN"
By: PIR MANZOOR MUHAMMAD

Qa'edah Yassarnal-Qur'an was first published in 1904 with Urdu instructions and has many reprints since then. It was first published with instructions rendered into English in 1978 in Nigeria. This is its 12th edition.

Twelfth edition   1999

© ISLAM INTERNATIONAL PUBLICATIONS LTD.

Published by:
Islam International Publications Ltd.
Islamabad,
Sheephatch Lane
Tilford, Surrey GU10 2AQ
United Kingdom

Printed by:
Raqeem Press,
Islamabad, Tilford, UK

No part of this book may be reproduced in any form without prior written permission from the publisher, except for the quotation of brief passages in criticism.

ISBN 1 85372 055 0

Introduction

The teaching and learning of the Holy Quran is a source of great blessing. The Holy Prophet *sal-lal-laho alaihe wa sallam* said: خَيْرُكُمْ مَنْ تَعَلَّمَ الْقُرْآنَ وَعَلَّمَهُ

"The best of you is the one who learns the Holy Quran and teaches it to others."

We are pleased to reproduce the Qa'edah Yassarnal Quran with instructions rendered into English. The text of the Qa'edah, however, remains the same. By following these instructions minutely, a beginner is able to make the best use of this primer which is designed to learn the Arabic text of the Quran correctly and efficiently. Experience has shown that a beginner, even a child, can start reading the Quran within a period of six months.

Following are some of the characteristics of the Qa'edah Yassarnal Quran:

Qa'edah Yassarnal Quran was written by a great scholar of the Holy Quran, Hazrat Pir Manzoor Muhammad, and was first published in 1904. It has been proved very useful for teaching and learning the Arabic text of the Holy Quran for beginners of all age-groups.

Qa'edah Yassarnal Quran has instructions with each lesson and when followed minutely can be of great help in the correct and efficient reading of the Quran.

Qa'edah Yassarnal Quran contains 40 lessons cum exercises and a beginner can easily go through them within six months. All lessons are simple and arranged in a most systematic method.

Qa'edah Yassarnal Quran is not a *Teach Yourself* book. The notes given with each lesson are a sort of *Teacher's Guide*. However phonetic examples have been added with the notes of lessons to let a grown up proceed by himself once some help has been given to him in the beginning.

Arabic Alphabets and their Phonetic Sound

Phonetic sound of Arabic alphabets is given below. In phonetic sound:

ā or aa is the same as in tall
ī or ee is the same as in bee
ū or oo is the same as in boot

PHONETIC SOUND

(from right to left)

ح	ج	ث	ت	ب	ا
ḥa	jīm	tha	ta	ba	aliph
س	ز	ر	ذ	د	خ
sīn	za	ra	dhāl	dāl	kha
ع	ظ	ط	ض	ص	ش
ain	za	ṭa	ḍad	ṣad	shīn
م	ل	ك	ق	ف	غ
mīm	lām	kāf	qāf	fa	ghain
ي	ء	ه	و	ن	
ya	hamza	ha	vao	nūn	

(The first lesson is essential for the child, who has just started learning.)

* * * * * * *

Lesson No. 1
••••••••••••••••••••••••

The dot.

A dot has been given below. By placing a finger beside it the child is told that this is a dot. *(Nuqta)*

•

* *

Here, the child is made to count the number of dots at a place. He is instructed to count from the right.

* *

The child should identify whether the given dots are above the line or below the line. *(He should start from the right as before.)*

* * * * * * *

Lesson No. 2
••••••••••••••••••••••••

Single letters

In this lesson, alphabets *(letters)* are being introduced. The pupil is required to pronounce the name of each alphabet as he reads from right to left. If at any stage he is stuck or makes a mistake, as for example he reads a letter as 'ba' wehereas it is 'ta', then he can be told that it is 'ta' as it has two dots above the line, and so forth. In this way, he will be able to connect the form of the alphabet with its name which is very necessary. But otherwise, there is no need to refer to dots or to their positions while teaching a child. He must always read in a flow.

ا ب ب ا ب ا ا ب

****

ب ت ا ت ت ب ب ت

ت ث ث ب ث ت ث ا

****

ث ب ت ث ت ا ث ج

ج ا ج ت ج ث ج ب ج

****

ح ح ج ح ث ح ج ح خ

خ ح خ ج خ خ ح خ ح

****

ت ا ث خ د ح د د ح د

ج د ذ ذ د ذ ب ذ خ ذ

****

ر د ر ر ذ ر د ر خ ذ ر

ا ب ت ث ج ح خ د ذ ر

ز ر ز ر ز ذ ز د ز س

س ز س ر س ث س ز ذ

****

س ا ر س ج ز ت ح د ب ز

خ س ش س ش خ ش ذ

****

ش ص س ص ص ش ص ا ش

ص ض ض ص ض ش ض ز ض

****

ا ب ت ث ج ح خ د ذ ر ز

س ش ص ض ض ش ص ش ض

****

ط ظ ظ ط ت ط ظ ط ظ ض ظ

ص ط ظ ز ض ذ ظ ط س ط ش

****

د ط ر ظ ع غ غ ع ع ط غ ظ

غ ض ع ص ع س غ ش ظ ص

****

ط ع ح ع غ خ غ ج ع ص

غ ض س ط ع ظ غ ف ف غ

****

ف ع ف ص ف ط ف ض ا ر

ف ب ف ت ف ث ش ز ف

****

ق ق ف ق ذ ق ع ق ت ق

د ظ ق غ ق ك ك ق ك ف

****

ك ط ك ع ك ظ ك ق ك غ

ك ف ع ق غ ص ق ض ا ك

****

ا ب ت ث ج ح خ د ذ ر ز س

ش ص ض ط ظ ع غ ف ق ك

****

ل ل م ل م ك ل ق م

ن ن ل ن م ن ق ن م ل

****

ل م ن و م و ن و ك و

م و ه ه و ه ل ه ن ه م

****

ه و ه ء ء ه ء م ء و ء ه

ن ء ل ء م ء ي ي ء ي ء ن

****

ي ه ي و ي م ه ء ك ل و ي

م ل ه ن ي و ل ي ن ه ء و

****

ي ج ز س ء ع ح ث ش ه ط ن

ب م ي ت ق ف و ر ن ل ص

ل د غ خ ن ض ذ ي ظ ل ا ك ء

****

The following three lines contain all the alphabets of Arabic. in this given order. These are to be repeated, till the whole of it is learnt in that order. This will be found useful, later on.

ا ب ت ث ج ح خ د ذ ر

ز س ش ص ض ط ظ ع غ

ف ق ك ل م ن و ه ء ي

* * * * * * *

Lesson No. 3

Letters in combination

What is given below, should not be regarded or read as complete words. The pupil is made to understand that when letters are written in combination, their form undergoes some change. In most cases, only the top part of the letter is retained. He should be shown that two letters are joined by means of a small line, called, 'Khatte Wasl'. He should pronounce each letter of the combination separately, as in lesson 2.

Example:— جب is to be read as; *jim, ba.*

ج جـ جـب جب جت جث جل

جس جش جص جض جط جظ

* *

ح حـ حب حت خ خـ خب خت

خل حل حس حش جش خس خط

* *

س سب سل سن سص سط

ش شبط شظ شث شص سض

* *

ص صب صل صن ض ضن ضل

ط طن طل طو صو ضو ظ ظو ظن

* *

ﻣ من مط مظ مـو مـر مـز طـر ظـز

ف فـز فـر فـو ق قـر قـز قـو قط

ع ﻋ عـو عـر عـز غ ﻏ غش غص

****

غق عق فق حق حك مك فك

فم حم عم قم سط شظ ضب

****

ل لم لض لت لـر لـو لـز مـل

جك خن خـو سر شـز صم مم

****

عك غن فث قت لس لق لج

سج مج مح سخ شح جج حخ

****

ي حي خي جي سي شي من مي لي

د فـد طـد عـد ذ عـذ طـذ طـن

****

ضد غذ غي لـد مي مذ ه مه

فه له قه جد شه حذ عه طي

خص طس ضك ظش غض صت

غب قن ضظ قج فط ظخ عث

صذ ظي لم للك لل ك كم كو كر

كه كد كذ ه هذ هد هو هس

هش هه ت هة سة سه جة

حه خة ه ة ة ت ة ه هه ه

صر كق ضة هظ كح هج هش

ف فف قف خف كص طه ظة

كن كن كر كم كم كل حل لر لز

ا جا سا حا شا لش ما لم لو

خا لخ ها له لة عا لا كا كل

كل كا لا لل لد ضا لذ لا لا

كا لا لا ع عع هع غ هغ لغ

كي صف غغ قغ هغ كع مغ مف

* *

هذ هن صذ شغ غه ظة ة ه

مي غا لع جغ حف خع للك لة

* *

The bend

Letters are sometimes represented by dots above or below a bend. Accordingly, if there is one dot above a bend ' ـنـ ' it represents 'nun' ن one dot below the bend ـبـ is 'ba'. Two dots above the bend ـتـ is 'ta'. Two dots below the bend ـيـ is ya. Three dots above the bend ـثـ is 'tha'.As seen below, the bends are in combination with other letters. The pupil must read each letter seperately.

نو بو نم بم نذ نذ بد بذ

يذ يد تد تذ ته تز يز يه

* *

ته تة تر بر نر ير ثر ثع ثغ

ثب يت نث تث تل ئل ئن

ئج ئي تي ثي ني بي يي ئغ بج

بنبتنبتثنيتيثبنثيئثيتئز

* *

قعف فقق غفغ عغف ئعغ

فـعـقـغـقـفـعـغـبـفـفـعـتـقـثـفـيـئـعـغ

* *

فـبـعـتـغـثـقـنـفـمـيـكـهـلـئـمـلـهـكـسـطـهـة

لبا لتا لنا لكا لكل لله للا ملو

حلم غلع علر متي قثي تبي فلا

* *

Letters in different forms i.e. in the begining, in the middle and in the end.

بهز لبر جلب هعا عجه غحس

تغد خكغ ستع حفت فخذ قشل

شقث ثصح طسج ضثغ يضط

صظف كطش منق نمص ظيم

ثكة هئن بهك لبض للو نتي

* * * * * * *

Lesson No. 4

Given below there are strokes of three different kinds:

(i) Fatha ـَـ , which is a stroke above the line,
(ii) Kasra ـِـ , which is a stroke below the line,
(iii) Damma ـُـ , which is a rounded stroke above the line.

ـِ ـَ ـُ ـِ ـَ ـَ ـُ ـُ

ـِ ـِ ـَ ـُ ـِ ـَ ـِ ـُ

ـَ ـِ ـُ ـِ ـُ ـَ ـُ ـَ

****

Lesson No. 5

In this lesson the pupil learns what sound a letter produces when it is given the sign of Kasra ـِ

(**Note:—** *Example in Kasra have purposely been given before those of Fatha*)

The sound of بِ is 'bi'; تِ is 'ti'; لِ is 'li'. Here the letters are no more pronounced with their original name. As before, the pupil is required to read in a flow.

بِ تِ ثِ حِ خِ رِ زِ فِ يِ

هِ جِ سِ شِ مِ دِ ذِ قِ لِ كِ

صِ ضِ وِ طِ ظِ نِ عِ غِ ءِ اِ

****

Lesson No. 6

In this lesson, the pupil learns what sound a letter produces, when it is given the sign of Fatha ـَ .

Example:— بَ is read 'ba', جَ is read 'ja'.

Note:— Some sounds are identical with their alphabetic name such as those of ب , ت etc.

بَ تَ ثَ حَ خَ رَ زَ فَ يَ

هَ جَ سَ شَ مَ دَ ذَ قَ لَ كَ

صَ ضَ طَ ظَ نَ عَ غَ ءَ آ

****

Lesson No. 7

In this lesson, the pupil learns, what sound a letter produces, when it is given the sign of Damma.

Example:— بُ is read 'bu', حُ is read 'hu' and عُ is read 'oo'.

بُ تُ ثُ حُ خُ رُ زُ فُ يُ

هُ جُ سُ شُ مُ دُ ذُ قُ لُ كُ

صُ ضُ وُ طُ ظُ نُ عُ غُ ءُ اُ

****

Mixed, Exercise on Lessons 5, 6 and 7

بِ بَ بُ بَ بُ بِ

****

تِ تُ تَ تُ تَ تِ

****

ثِ ثَ ثُ ثَ ثُ ثِ

****

حِ حُ حَ حُ حَ حِ خِ خَ خُ

****

خَ خُ خِ رِ رَ رُ رَ رُ رِ

زِ زُ زَ زُ زَ زِ هِ هَ هُ هَ هُ هِ

فِ فُ فَ فُ فَ فِ يِ يَ يُ

يَ يُ يِ جِ جُ جَ جُ جَ جِ

سِ سَ سُ سَ سُ سِ مِ مُ مَ

مُ مَ مِ شِ شَ شُ شِ شُ شَ

دَ دِ دُ دِ دُ دَ ذَ ذُ ذِ ذُ ذِ ذَ

لَ لِ لُ لِ لُ لَ قَ قُ قِ

قُ قِ قَ كَ كِ كُ كِ كُ كَ

وَ وُ وِ وُ وَ عَ عِ عُ عِ عُ عَ

غَ غُ غِ غُ غِ غَ آ أ إ آ إ أُ

طُ طَ طِ طَ طِ طُ ظُ ظِ ظَ ظِ ظَ ظُ

صُ صَ صِ صَ صِ صُ ضُ

ضَ ضِ ضَ ضِ ضُ نُ نِ نَ

نِ نُ نَ ءَ ءِ ءُ ءٍ ءُ ءَ

****

Mixed, Exercise on all previous Lessons

Example:— بِهٖ is read 'bihi', جَآ is read 'ja a', لِئُ is 'li o'.

بِهِ بَهَ بُهُ بِهَ بُهِ بَهُ بَةً

****

بُةٍ تُزِ تَزُ تِزَ فِرَ فُرِ قَرُ

****

فَخُ خَةٌ خِةٍ خِيُ خُيَ خِيَ

****

ثِعَ ثَعُ ثُحِ ثُطِ هُطِ هِطُ هَطَ

****

يَظَ يِظُ يُظِ مِدَ مُدُ مَدَ مَةً

****

جَآ جُاِ جِاُ خِاُ لِذُ لُذِ لَذَ لِزَ

نِسَ نُسِ نَسُ سَجُ سِجَ سُجِ

****

حُوِ حِوُ حَوَ طَغَ طِغُ طُغِ طُرِ

صُقَ صَقِ صِقُ ضِكُ ضَكِ ضُكَ

عُفِ عِفُ عَفَ غَنَ غِنُ غُنِ

****

شُعِ شِعَ شَعُ ظَغُ ظِغَ ظُغِ هُمِ

هِمُ هَمَ قَلَ قِلُ قُلِ كُفِ كِتُ

****

كِمُ كِنَ كُلِ كِلُ كَلَ كَاَ كِاُ

لِاُ لَاِ ئَلِ ئِلَ ئُبَ لِبُ بَبِ

****

بَثِ تِثُ جُثَ حَتِ خِتُ سُتَ

شَةِ ثِةُ سُةَ عِصَ غِصُ فُصِ

****

قِضُ كُضِ لِضَ هُوَ هِمُ مَهُ تِهَ

هَةِ لِةُ لَهِ اَهَ كِيُ يَكُ تِيَ نَيُ

****

فِيَ لِيُ بِيِ يِيَ قَوَ خُاِ اِخُ لَغِ

اِوُ كِوَ سُبُ حِتِ جَثَ اِدُ لِدُ

****

اَبَ تِثِ جُحُ دَذَ خِسِ رَوَ شُمُ

زِهِ صُنُ وَلَ فِطِ قُظُ ضَعَ يُغُ

* *

وُذَ مُذِ ذَاُ نِذُ نَاِ لَرَ تِاَ يَاَ

لِلَ سُاِ لِسَ فَاُ لُفِ اَفَ لَكَ

* *

رُزُ زِرَ عُصَ غِزَ لِوُ كَطِ ظُاَ

وَءُ ئِقَ اَمُ قِاَ لَاِ لِلُ لَاُ كِلِ

* *

فَعَلَ فِعِلِ فُعُلُ فَعَلُ فِعُلِ فُعِلَ

فَتَحَ خَلَقَ نَصَرَ كَتَبَ بَلَغَ كَشَفَ

* *

اِبِلِ بِلِزِ سِلِمِ صُحُفُ رُسُلُ عُمُرُ

سَمِعَ جُمِعَ مَعَكَ اِرَمِ نُفِخَ سَجَدَ

* *

تَجِدُ وَجَدَ نُبِذَ مَلَاَ يَهَبُ نَزَلَ

مَئِذِ ئِكَةُ عَرَضَ بَلَدِ اَمَرَ حَمِدَ

* *

مَكَثَ حَمَةِ بَطَلَ مَنَةِ ثَمَةُ نُمِزَ

سَنَةِ قُتِلَ نَعِدُ ثُلُثَ بَشَرُ بَصَرُ

****

نَذَرَ سَكَنَ تَسَقَ شَفَقِ خِرَةِ وَلَدِ

قَلَمِ مَلَاِ لِلَاُ لِكَاَ نُكِاِ كِلَاُ كِلِلِ

****

صَهَذَ عَهِدَ لَهَبُ نَبَاَ سَبَاُ لَبِثَ

حَلَبِ قَنِاَ لَعِبَ لَتِاَ لِشَاُ وَهَبَ

****

خَشِيَ رَضِيَ سَأَلَ رَحِمَ ذَكَرَ نَظَرَ

بَرِقَ حَطَبِ عَبَسَ سُطِعَ مَلِكَ صَلَحَ

****

اَ بُ تِ ثَ جُ حِ خُ دَ ذِ رَ زُ سَ شِ صُ

ضِ طُ ظَ عِ غَ فِ قَ كِ لُ مِ نَ وِ هُ ءَ يُ

اِ بَ تُ ثِ جَ حُ خَ دِ ذُ رِ زَ سِ شُ صَ

ضُ طَ ظِ عُ غِ فُ قِ كُ لَ مُ نِ وُ هَ ءِ يَ

اُ بِ تَ ثُ جِ حَ خِ دْ ذَ رُ زِ سُ شَ صِ

ضَ طِ ظُ عَ غُ فَ قُ كَ لِ مَ نُ وَ هِ ءُ يِ

* * * * * * *

Lesson No. 8

Jazm ـْـ is a new sign. The pupil is required to identify this sign in the following exercise.

ـْـ ـَـ ـْـ ـِـ ـْـ ـُـ ـْـ ـْـ

ـُـ ـْـ ـَـ ـْـ ـِـ ـْـ ـْـ ـُـ

* * * * * * *

Lesson No. 9

After learning the sound of a letter with Fatha, Kasra or Damma, **the pupil** now learns, how this sound is blended with the next letter, which has jazm ـْـ on it Jazm with Fatha, is given first.

Example:— أَبْ is 'ab', جَدْ 'jad' etc.

اَ اَبْ لَ لَبْ سَ سَبْ

خَ خَبْ اَبْ لَبْ سَبْ خَبْ

* *

شَبْ دَبْ طَبْ طَمْ لَمْ سَمْ

شَمْ دَمْ ذَمْ عَمْ عَدْ قَدْ

* *

جَدْ جَنْ تَنْ ظَنْ حَنْ حَجْ

فَجْ جَجْ مَجْ مَقْ ثَقْ فَقْ

****

بَقْ بَلْ مَلْ تَلْ كَلْ كَرْ

بَرْ نَرْ جَرْ جَثْ حَثْ مَثْ

****

مَهْ سَهْ بَهْ تَهْ تَثْ هَثْ

قَثْ فَثْ فَخْ سَخْ شَخْ شَخْ

****

طَغْ ضَغْ لَغْ لَضْ كَضْ عَضْ

غَضْ غَطْ عَطْ بَطْ بَغْ فَغْ نَغْ

****

نَعْ بَعْ ظَعْ ظَكْ سَكْ شَكْ

شَفْ صَفْ مَفْ مَظْ جَظْ حَظْ

****

حَصْ خَصْ خَزْ آزْ رَزْ لَزْ دَزْ

دَزْ قَذْ يَذْ يَشْ هَشْ هَشْ

****

سَشْ سَذْ خَذْ خَرْ كَرْ كَزْ يَزْ

جَبْ جَثْ حَثْ حَجْ حَخْ

حَذْ خَذْ خَذْ خَرْ خَزْ بَزْ بَسْ

****

بَشْ بَصْ تَضْ تَطْ تَظْ

تَعْ ثَغْ ثَغْ ثَفْ ثَقْ سَقْ سَكْ

****

سَلْ سَمْ شَمْ شَنْ شَهْ شَحْ

شَبْ صَبْ آبْ ئَبْ ئَلْ ئَمْ

****

زَنْ وَنْ رَنْ رَلْ وَلْ وَزْ صَزْ

زَدْ آمْ دَغْ ذَغْ آزْ ئَزْ يَدْ

****

رَبْ حَقْ خَطْ كَفْ قَدْ لَبْ سَرْ

دَمْ صَفْ كَلْ قَطْ شَقْ دَشْ تَكْ

****

شَرْبَتْ ٠ آدْرَكْ ٠ شَلْغَمْ

بَرْتَنْ ٠ صَنْدَلْ ٠ مَخْمَلْ ٠ مَلْمَلْ

****

اَطْلَسْ ۔ سَرْکَشْ ۔ بَنْدَرْ ۔ مَنْتَرْ

صَفْدَرْ ۔ جَعْفَرْ ۔ دَفْتَرْ ۔ دَعْوَتْ

****

مَنْجَنْ ۔ مَرْهَمْ ۔ سَرْجَنْ ۔ لَنْدَنْ

دَرْجَنْ ۔ کَمْبَلْ ۔ خَلْقَتْ ۔ اَفْسَرْ

****

After the exercise of Fatha now here is exercise of Kasra (ـــِـــ) and Damma (ـــُـــ).

آبْ اِبْ اُبْ سَبْ سُبْ سِبْ

****

جَبْ جِبْ جُبْ خَتْ خُتْ خِتْ

****

مَدْ مِدْ مُدْ کَنْ کُنْ کِنْ مِنْ

مَنْ مُنْ سُنْ سِنْ سِدْ سُدْ اُدْ

****

حُدْ حُرْ حِرْ حِلْ بِلْ بُلْ بُزْ

تُزْ تُمْ قُمْ قِمْ هِمْ هِجْ هُجْ

****

طُبْ طِبْ ضِدْ ضُفْ هِفْ هُدْ

هُمْ قُلْ عُذْ سُجْ غُزْ قُذْ فُغْ

تُهْ بِتْ ظِغْ كِنْ طِغْ زِكْ صِفْ

****

ضِخْ اِشْ وِثْ حُبْ ثِطْ دُشْ چِظْ

ذُقْ ئِزْ اُمْ ئُذْ ئَدْ رِشْ خُذْ

****

مَهْ لُضْ يَزْ نِصْ شُرْ حَزْ يِمْ

اُخْ دَمْ ذِهْ وُهْ رَجْ وَنْ فِشْ

****

كِشْمِشْ . سَرْدَهْ . بُزْقَغْ . بُلْبُلْ

هُدْهُدْ . تِلْيَزْ . مَشْرِقْ . مَغْرِبْ

****

مَنْزِلْ . شَبْنَمْ . خَنْدَقْ . آنْجَنْ

مُشْكِلْ . كُرْتَهْ . قِسْمَتْ . تَكْيَهْ

****

دَرْزَنْ . كَثْرَنْ . خِذْمَتْ . مَسْجِدْ

قِبْلَهْ . بِسْتَرْ . نِشْتَرْ . حِكْمَتْ

****

جِهْلُمْ ۔ سَتْلُجْ ۔ رُهْتَكْ ۔ شُكْرَمْ

رُسْتَمْ ۔ سُرْمَهْ ۔ مَجْلِسْ ۔ مُمْكِنْ

****

فُرْصَتْ ۔ مِحْنَتْ ۔ حَضْرَتْ ۔ بِهْتَرْ

جَبْ تَكْ ۔ هَمْ سَبْ ۔ بَسْ كَرْ ۔ رُخْصَتْ

****

Mixed Exercise

مَدَ مَدْ بِنِ بِنْ تُمُ تُمْ وُهُ

وُهْ يِهِ يِهْ جِلْ جِلِ لَثْ لَتَ

سُبُ سُبْ لِمَ حَدْ فُغِ مِغْ كُلِ

كُلْ ثَنْ ثَنَ شِبْ لَثُ تِلِ يُنْ

بَمْ سَقُ مِمْ لَاُ لَاُ اُدْ لِاَ اِلِ لِرِ

****

لَقَدْ فَقَدْ قَلَمْ كَرَمْ عَجَبْ

حَسَدْ حَشَدَ حَسُدْ حَسَدَ بَدَنْ

****

بَدْنَ بِدُنْ خَبَرْ خُبِزْ

خُبْزُ وَزْنُ وَزْنْ جَفْنَ جُفِنَ

****

حَفْدُ نَغبُ بَعْدُ سَرْدَ سَرَدْ

سَرَدَ قَدَمْ قَدْمُ قَدَمَ مُشتَ

****

اِهْدِ اِثْمِ عِلْمِ اُدْعُ رِزْقُ

مُلْكُ فَهُمْ نَحْنُ لِمَنْ سَمْعِ

****

يَلِدْ اَرْضِ تَخَفْ يَكْذِ لَهُمْ

عِجْلَ بِهِمْ يُفْسِ اَظْلَ رَزَقْ

****

حِجَجْ خَتَمَ سَبْعَ حُرُمْ نَشتَ

فُتِحَ عَبْدِ فَقُلْ شِيَةَ تَفْعَ

فَهِيَ بَعْضُ قَسَتْ رَبِحَ حَرْثَ فَزِدْ

****

اَخْرَجَ اَنْذَرْ تُنْذِرْ اَنْفُسَ

مِنْهُمْ فَعَلْنَ خَرَجْنَ جَعَلْتَ

****

اَظْلَمَ اُشْكُنْ اَنْتُمْ مَعَكُمْ

يَخْسَبُ اُنْزِلَ يُرْسِلَ سَمِعْتُ

****

اَلْحَمْدُ • اَنْعَمْتَ • سَمْعِهِمْ • عَلِمْتُمْ

فَاَخْرَجَ • لِتَفْتَرِيَ • ظَلَمْتُمْ • اَخَرَقْتَ

اَلَمْ نَشْرَحْ لَكَ صَدْرَكَ • سَنُقْرِئُكَ •

****

Lesson No. 10

There are three full vowels among the Arabic alphabets. These are:

Aliph ' ا ' vao و and ya ' ى '. The rest are consonants. If there is a consonant letter with sign ـَـ, ـِـ, ـُـ and after it is a vowel, which is either blank or with Jazm, the sound of the consonant letter is modified.

Example:— بَا is read 'Bā' *('a' is pulled high up),* بُوْ is 'boo' - بِيْ is 'bee' *(deep 'e' sound)*

بَ بَا تَا ثَا جَا حَا خَا دَا ذَا

بُوْ تُوْ ثُوْ جُوْ حُوْ خُوْ دُوْ ذُوْ رُوْ

بِيْ تِيْ ثِيْ جِيْ حِيْ خِيْ دِيْ ذِيْ

****

بَا بُوْ بِيْ تِيْ تُوْ تَا ثَا ثِيْ ثُوْ

جُوْ جَا جِيْ حِيْ حَا حُوْ خُوْ خِيْ خَا

****

دَا دُوْ دِيْ ذِيْ ذَا ذُوْ رُوْ رِيْ رَا

زَا زُوْ زِيْ سِيْ سَا سُوْ شُوْ شَا شِيْ

****

صِيْ صُوْ صَا ضَا ضِيْ ضُوْ طُوْ طِيْ طَا

ظَا ظُوْ ظِيْ عِيْ عُوْ عَا غَا غُوْ غِيْ

****

فِيْ فَا فُوْ قُوْ قَا قِيْ كِيْ كَا كُوْ لُوْ

لِيْ لَا مَا مُوْ مِيْ نِيْ نُوْ نَا وَا وُوْ

وِيْ هِيْ هَا هُوْ ءُوْ ءَا ئِيْ يِيْ يَا يُوْ

****

آوْ بَوْ تَوْ ثَوْ آيْ بَيْ تَيْ ثَيْ جَيْ

حَيْ حَوْ خَوْ خَيْ دَيْ دَوْ ذَوْ ذَيْ رَيْ

****

رَوْ رَا رُوْ رِيْ زِيْ زَيْ زَا زَوْ زُوْ

سُوْ سَوْ سَا سِيْ سَيْ فَيْ فَا فُوْ فِيْ فَوْ

لَوْ لَا لَيْ لِيْ لُوْ جُوْ جَيْ جَوْ جِيْ جَا

هَيْ هَوْ عَوْ عَيْ غَيْ غَوْ كَوْ كَيْ مَيْ مَوْ

Mixed Exercise

دَا دَا · دَا دِيْ · نَا نَا · نَا نِيْ · جَا لَا · جَا لِيْ

بَا لَا · بَا لِيْ · كَا لَا · كَا لِيْ · جُوْ تَا · جُوْ تِيْ

****

نَا لِيْ · خَا لِيْ · خَا لُوْ · تَا ئِيْ · دَا ئِيْ · مَا ئِيْ

بَا جِيْ · لَا ئِيْ · بُوْ رَا · مُوْ لِيْ · رَا ئِيْ · نَا ئِيْ

****

خَا كِيْ · رُوْ ئِيْ · شَا دِيْ · سُوْ ئِيْ · بَوْ نَا · دَوْ نَا

بِيْوِيْ · شِيْشِيْ · مَيْلِيْ · مَيْنَا · كَيْرِيْ

****

The sound of Fatha is not long like of Aliph.

Example:— اَبَا is ‘abā’ *(not ābā)* , قَال is ‘qāla’ *(not qālā)*

اَبَا · قَالَ · آلَا · زَادَ · كَمَا · طَالَ · اِذَا

جَادَ · بَالَ · بَلَا · كَانَ · فَمَا · يَكَا · دَارَ

****

سَوْفَ · نُوْحُ · حَوْلَ · دُوْنَ · فَوْزُ

اُوْتَ ، اَيْنَ ، قِيْلَ ، بَيْنَ ، فِيْهِ

كَيْفَ ، ضَيْفِ ، قَوْمَ ، رَيْبَ ، فَوْقَ

****

دِيْنِ رِيْحَ رُوْحُ حَالَ غَيْبِ

حَيْثُ يَيْنِ يِيْنَ فَذُوْ بَنَوْ عَلَيْ

مُهَا لَفِيْ يَقُوْ غِشَا سَعَوْ تَقِيْ

****

The words below are those which belong to Urdu language. But the rules are not any different from those of Arabic.

مُرْغَا ، مُرْغِيْ ، حَلْوَا ، بَرْفِيْ ، جَامَنْ

فِرْنِيْ ، كِشْتِيْ ، كُشْتِيْ ، تِيْتَرْ ، كِيْكَرْ

****

اِمْلِيْ ، هَلْدِيْ ، صُوْرَتْ ، مُوْرَتْ ، تِنْكَا

مَنْكَا ، زَيْنَبْ ، دِهْلِيْ ، گَاجَلْ ، عَوْرَتْ

****

نَمَكْ ، دَهِيْ ، دَرِيْ ، تَوَا ، هَوَا ، بُلَا

سُلَا ، اَدَبْ ، كَمَرْ ، جَلَنْ ، دَوَا ، بَغَلْ

****

هِرَن ۔ بَكْرِي ۔ سَبْزِي ۔ بَارِش ۔ نَاخُن

قُلْفِي ۔ نَوْكَرْ ۔ كُرْسِي ۔ سَوَارِي ۔ تَرْكَارِي

خَرْبُوْزَه ۔ فَالُوْدَه ۔ خُمَانِي ۔ مُمَانِي

اَمْرَتْسَرْ ۔ بَنَارَس ۔ دَرْيَا ۔ سَمَنْدَرْ

****

غُلْ نَكَرْ ۔ بَاهَرْ جَا ۔ حَجَامَتْ كَرَا ۔

كَهَانِي سُنْ ۔ مَلَائِي لَا ۔ قَلَمْ بَنَا ۔ سَبَقْ

سُنَا ۔ سُوْرَجْ نِكْلَا ۔ سُسْتِي مَتْ كَرْ ۔

جَلْدِي جَا ۔ يِهْ خَبَرْ غَلَطْ هَي مُنْشِي

جِي كُلْ جَانَا ۔ كَاغَذْ مَتْ كُتَرْ ۔ كَبُوْتَرْ

دُمْ هِلَا رَهَا هَي ۔ وُهْ دَسْ بَرَسْ كَا هَي ۔

خُدَا سَبْ كَا مَالِكْ هَي وُ هِي هَمَارَا

رَازِقْ هَي ۔ اَبْ تُوْ دُعَا كَرْ ۔ يَارَبْ هَمَارِي

مَدَدْ كَرْ ۔ رَحْمَتِ خُدَا نَازِلْ شُدْ ۔ قَلَمْ رَا

وُضُوْ كَرْ مَسْجِدْ جَا ۔ مَامَا سَالَن كِي رَكَابِي

لَائِيْ + هَرْكَارَهْ خَطْ لَايَا + يِهْ دَشْتَانَهْ
سُوْتِيْ هَيْ يَا اُوْنِيْ + مِصْرِيْ كَا شَرْبَتْ
بَنَا + دَا مَنْ تَرْ مَتْ كَرْ + صَابَنْ مَلْكَرْ
نَهَا + وَلِيْ اَحْمَدْ بَهَادُرْ هَيْ + اُشْ كَا قَدْ
بَهُتْ لَمْبَا هَيْ + يِهْ تَخْتِيْ كَيْسِيْ هَلْكِيْ هَيْ +
اِشْ رَضَائِيْ كِيْ سِلَائِيْ عُمْدَهْ هَيْ + كَمْرِيْ
كَا اَسْتَرْ اُوْدَا هَيْ + صَدْرِيْ كَا اَبْرَهْ قِرْمِزِيْ
هَيْ + مَدَارِيْ مُرْلِيْ بَجَارَهَا هَيْ + مَغْرِبْ
كِيْ طَرَفْ بَادَلْ بَرَسْ رَهَا هَيْ + جَنْوَرِيْ
كَا مَهِيْنَهْ هَيْ سَرْدِيْ بَهُتْ هَيْ + سَارِيْ
جَمَاعَتْ حَاضِرْ هَيْ + يِهْ عَرَبِيْ كَا
قَاعِدَهْ هَيْ + عِبَارَتْ اُرْدُوْ كِيْ هَيْ آهَا هَا +

* *

قُلُوْبُ + نَسُوْهُ + اَعُوْذُ + يَقُوْلُ

يُوْسُفَ • اُوْتِيَ • اُوْتِيْ • نُخْفِيْ

اُمْلِيْ • تَجْرِيْ • بَيْنِيْ • يَكُوْنُ •

تَفُوْرُ • فَرَاغَ • مَكَانَ • يَدَيْهِ

صُدُوْرِ • تَهْوِيْ • اِلَيْكَ • اُوْحِيَ

****

تَبْتَغِيْ • بَيْنَكُمْ • عَلَيْهِمْ • لِيُضِيْعَ

اَبَوَيْهِ • نُوْحِيْهِ • زَوْجَيْنِ • تَبِعَنِيْ

نُوْرُهُمْ • يَلْوُوْنَ • مَوْعُوْدِ • تَدْعُوْنَ

****

مَغْضُوْبِ • تَحْيَوْنَ • سَمِعْنَا • فِرْعَوْنُ

صَالِحُوْنَ • رَازِقِيْنَ • فَسَيُنْغِضُوْنَ

****

يَسْتَوْفُوْنَ • تَرَوْنَهُمْ • يُفْسِدُوْنَ

لِلْخُرُوْجِ • يَهْجَعُوْنَ • اَثْخَنْتُمُوْهُمْ

حُسْنَيَيْنِ • يِيْنَا • اَفَعَيِيْنَا • تَسْئَلُ

يَسْئَمُوْنَ • رُءُوْسُ • مُسْتَهْزِءُوْنَ

يَئُوْدُ ۔ يَسْتَعْجِلُوْنَكَ ۔ يَسُوْمُوْنَكُمْ

مُهْطِعِيْنَ مُقْنِعِيْ رُءُوْسِهِمْ ۔ سَتَجِدُنِيْ

****

لَمْ يَلِدْ وَلَمْ يُوْلَدْ ۔ قَدْ خَلَتْ مِنْ قَبْلِكُمْ

هَلْ يَسْمَعُوْنَكُمْ اِذْ تَدْعُوْنَ ۔ فَمَا فَوْقَهَا

وَهُمْ يَنْهَوْنَ عَنْهُ وَيَنْئَوْنَ عَنْهُ ۔ بَيْنَنَا

Continuation of Lesson No. 10

بَأْ تَأْ سَأْ وَأْ بِءْ جِءْ شِءْ ثُءْ رُءْ

Mixed Exercise

بَأْ بَا يَا يَأْ جَأْ جَا فَا فَأْ سَا سَأْ

يَأْتِيْهِ ۔ يَأْذَنْ ۔ تَأْتُوْنِيْ ۔ تَأْوِيْلُ ۔ جِئْنَا

****

بَارِئِكُمْ ۔ آخَذْنَا ۔ قَرَأْتَ ۔ اِمْتَلَئْتِ

بِئْسَ ۔ ءَاَقْرَرْتُمْ ۔ يَأْفِكُوْنَ ۔ وَأْمُرْ

رُءْيَاكَ ۔ وَآتُوْنِيْ ۔ يَأْمُرُ ۔ تَزْدَادُوْنَ

****

Note:— Rule about the ending sound of a word at the stop, is given later. Till then, stops are not to be observed as such.

قَالَ اَجِئْتَنَا لِتُخْرِجَنَا مِنْ اَرْضِنَا بِسِحْرِكَ ۰
اِنْ اَحْسَنْتُمْ اَحْسَنْتُمْ لِاَ نْفُسِكُمْ وَ اِنْ اَسَأْتُمْ
فَلَهَا ۰ بَلَغَا مَجْمَعَ بَيْنِهِمَا نَسِيَا حُوْتَهُمَا ۰
قَالَ فِيْهَا تَحْيَوْنَ وَ فِيْهَا تَمُوْتُوْنَ وَ مِنْهَا
تُخْرَجُوْنَ ۰ هَيْهَاتَ هَيْهَاتَ لِمَا تُوْعَدُوْنَ ۰
وَيَذَرُهُمْ فِيْ طُغْيَانِهِمْ يَعْمَهُوْنَ ۰ يَعْلَمُ
مَا بَيْنَ اَيْدِيْهِمْ وَ مَا خَلْفَهُمْ ۰ يَعْتَذِرُوْنَ
اِلَيْكُمْ اِذَا رَجَعْتُمْ اِلَيْهِمْ ۰ لِمَ تَعْبُدُ مَا لَا
يَسْمَعُ وَلَا يُبْصِرُ ۰ وَاِذَا مَرِضْتُ فَهُوَ يَشْفِيْنِ ۰

* *

وَ اَعْلَمُ مَا تُبْدُوْنَ وَ مَا كُنْتُمْ تَكْتُمُوْنَ ۰ وَ
اِنْ تُبْتُمْ فَلَكُمْ رُءُوْسُ اَمْوَالِكُمْ لَا تَظْلِمُوْنَ
وَ لَا تُظْلَمُوْنَ ۰ فَاَحْكُمُ بَيْنَكُمْ فِيْمَا كُنْتُمْ فِيْهِ
تَخْتَلِفُوْنَ ۰ اَلْيَوْمَ تُجْزَوْنَ مَا كُنْتُمْ تَعْمَلُوْنَ ۰
وَيَسْـَٔلُوْنَكَ مَاذَا يُنْفِقُوْنَ ۰ قَالَ كَمْ لَبِثْتَ

وَاَرِنَا مَنَاسِكَنَا وَتُبْ عَلَيْنَا ۔ وَمَا كُنْتَ لَدَيْهِمْ

اِذْ يَخْتَصِمُوْنَ ۔ بَلْ اَكْثَرُهُمْ لَا يَعْلَمُوْنَ ۔

وَلَا تَنِيَا فِيْ ذِكْرِيْ ۔ لَا تَخَفْ وَلَا تَحْزَنْ ۔

لَكُمْ دِيْنُكُمْ وَلِيَ دِيْنِ ۔ وَهُوَ مَعَكُمْ اَيْنَ مَا كُنْتُمْ ۔

Continuation of Lessons 2 - 3

Given below are alternative forms of some letters, single or in combination.

ا ٢ - ر ر كَرْ كَرْ سَرْ - د مَدْ مَدْ

سَدْ ۔ ذ مَذْ مَذْ طَذْ ۔ م م لَمْ لَمْ

عَمْ سَمَا ۔ ك ك كَتَبَ كَتَبَ كَرْ ۔ لَجْ

لَجْ فَخْ فَخْ سَخْ سَخْ جَحَدَ ۔ بَجْ يَجْ بِمَا

تُمْ ۔ فَهُمْ فَهُمْ سَهُمْ بِهِمْ ۔ ي ي يَ فِيْ

****

Lesson No. 11

Double Strokes (*Tanveen*)

****

****

Lesson No. 12

Given below are three kinds of double strokes:

Double Fatha ـً double Kasra ـٍ and double Damma ـٌ

The pupil is asked to identify these signs in the following:

A common name for the three signs ـً, ـٌ, and ـٍ is, 'Tanveen'. If any of these Tanveen signs is placed upon a letter, it has the effect of producing the sound of ' نْ ' *(with Jazm)*

Example:— دً is the equivalent of دَنْ
دٌ is the equivalent of دُنْ
دٍ is the equivalent of دِنْ

producing the phonetic sounds as in lesson 9.

دَنْ دً ، دِنْ دٍ ، دُنْ دٌ ، تَنْ تً ،

تِنْ تٍ ، تُنْ تٌ ، دٌ دً دٍ تٍ تٌ

تً قً قٍ قٌ رٌ رً رٍ ذٍ ذٌ بٌ

بٍ مٍ مٌ لٌ لٍ فٌ يٌ حٍ نٍ عٌ

Mixed Exercise

عَادٍ ، غِشَاوَةٌ ، جَهْرَةً ، عُمْيٌ ، رَءُوْفٌ

كَلَمْحٍ ، سَوْءٍ ، بَاسِطٌ ، عَلِيْمٌ ، بِئْرٌ ، شِقَاقٍ

سَمِيْعٌ ، قَرِيْبٌ ، فَضْلٍ ، شَهَادَةً ، شَأْنٍ

فَاكِهَةٍ ، بَعْضٍ ، قَعِيْدٌ ، نُسُكٍ ، بِتَابِعٍ

****

Lesson No. 13

Vertical and Inverse Strokes

There are three strokes of this kind:

Vertical Fatha ـٰ,
vertical Kasra ـٖ, and inverse Damma ـٗ

The pupil learns to identify them in the follwing:

ـٰ ـٖ ـٗ ـٗ ـٰ ـٗ

ـٖ ـٖ ـٗ ـٰ ـٗ ـٰ ـٖ

****

Lesson No. 14

Vertical Fatha ـٰ is the equivalent of Fatha and the blank Aliph.

Example:— تٰ is same as تَا tā يٰ is same as يَا yā is sufficiently high.

تَا تٰ مَا مٰ ذٰ وٰ ءٰ هٰ قٰ نٰ ضٰ اٰ

دٰ عٰ لٰ زٰ حٰ خٰ كٰ يٰ غٰ طٰ اٖ ءٖ

Mixed Exercise

اٰدَمَ . اٰمَنَ . مٰلِكِ . مَاٰرِبُ . كِتٰبُ . سَمٰوٰتٍ

هٰذَا . اٰلْئٰنَ . قٰلَ . رَزَقْنٰهُمْ . صٰدِقِيْنَ

اٰيٰتُنَا . اٰذٰنِهِمْ . لِلْكٰفِرِيْنَ . سُبْحٰنَكَ

كَلِمٰتٍ . خٰلِدُوْنَ . يٰبَنِيْ . قٰنِتٰتٍ . غٰوِيْنَ

لِإِيْلٰفِ . لِاٰيْلٰفِ قُرَيْشٍ . خَطٰيٰكُمْ . عٰبِدٰتٍ

****

Lesson No. 15

Vertical Kasra ــٖـ is the equivalent of Kasra, 'ya' and the Jazm.

Example:— اٖ is same as اِيْ 'ee', يٖ is same as 'yee'

اِيْ اٖ هِيْ هٖ ، يِيْ يٖ

Mixed Exercise

بِهٖ ، فِيْهٖ ، وَرَقِيْلِهٖ ، اِلَيْهِمْ ، يُحْيٖ ، يَسْتَحْيٖ

اِبْرٰهٖمَ ، تُرْزَقٰنِهٖ ، نُوْرِهٖ ، بَعْدِهٖ ، بِمُزَحْزِحِهٖ

****

Lesson No. 16

Inverse Damma ــٗـ is the equivalent of Damma, vaw and the Jazm.

Example:— هٗ is same as هُوْ (hoo), ءٗ is same as ءُوْ 'oo'.

هُوْ هٗ ، وُوْ وٗ ، ءُوْ ءٗ

Mixed Exercise

لَهٗ ، اَمْرُهٗ ، دَاوٗدَ ، تَلْوٗنَ ، اَلْوَانُهٗ ، اَنْزَلَهٗ

كَلِمَتُهٗ ، سُبْحٰنَهٗ ، مَوْءٗدَةُ ، وَوٗرِيَ ، يَسْتَوٗنَ

هٗ هٗ هٖ ىٖ يٖ وٗ خٗ ءٗ ذٗ ا طٗ زٗ

وٗ ءٗ هٗ يٖ هٖ اٖ لٗ يٖ اٖ ءٗ وٗ مٗ

* * * * * * *

Lesson No. 17

The two signs, ـٓ or ـٓ, are called, 'Madda'.

The pupil is asked to identify them, in the following:

ـٓ ـٓ ـٓ ـٓ ـٓ ـٓ ـٓ ـٓ

* * * * * * *

Lesson No. 18

When Madda ـٓ or ـٓ is placed on any letter, the sound of that letter is prolonged.

Example:— هٓ is 'hooo...', لٓ is 'laaa...' etc.

يٓ لَآ سَآ ءَآ هٓ يٓ هَآ سُوٓ فِيٓ نِيٓ رَآ

Mixed Exercise

اَلَآ ۔ سَوَآءٌ ۔ اٰهْلَهٗٓ ۔ يَسْتَحْيٖٓ ۔ بِهَآ اَوْ دَيْنٍ

يٰٓاٰدَمُ ۔ لَهٗٓ اِخْوَةٌ ۔ لِيَسُوْٓءُ ۔ بَنِيٓ اِسْرَآءِيْلَ

هٰٓاَنْتُمْ ۔ يٰٓاِبْلِيْسُ ۔ اٰتَيْنَآ اَلْ ۔ فِيٓ اَوْلَادِكُمْ

وَرِثَهٗٓ اَبَوٰهُ ۔ نِسَآءٌ ۔ سُرِخَتِ ۔ بَطَآئِنُهَا

* * * * * * *

Lesson No. 19

Blank Letters

A blank letter is one which is without any sign. It is not pronounced, yet it is written down. *(However every blank letter is not silent. A blank Aliph,with Fatha on a letter before it, and no Jazm after it, is not silent. It is pronounced according to lesson No. 10).*

Note:— If the letter 'ya' is written without its two dots it is also silent.

Example:— قَادْ is same as قَدْ , Aliph is silent.
رِبُو is same as رِبْ ; The last two letters are silent.
وُنْ is same as ءُنْ ; The vao is silent.

In the examples below, Arabic equivalents have been shown in smaller prints.

قَادْ ۔ لَا ۔ لَافْ ۔ فَانْ ۔ وَالْ ۔ ذُوالْ

قَدْ   لَفْ   فَنْ   وَلْ   ذُلْ

* *

بِالْ ۔ قَّا ۔ لِی ۔ ذِی ۔ شَايْ ۔ جِايْ ۔ وُ

بِلْ   قَّ   لْ   ذْ   شَيْ   جِيْ   ءُ

* *

وَّا ۔ تُوْ ۔ ذِی اوْ ۔ وُنْ ۔ یٌّ ۔ رِبُوا ۔ مُوْا

تُءْ   ذِءْ   ءُنْ   ءٌ   رِبْ   مُوْ

* *

Mixed Exercise

فَادْعُ لَنَا ۔ فَالْئٰنَ ۔ فَانْفَجَرَتْ ۔ بِالْاٰخِرَةِ

رِزْقًا ۔ عَلٰی ۔ مَتٰی ۔ بَلٰی ۔ هُدٰی ۔ رَغَدًا ۔ اٰبٰی

شَيْئًا ۔ لِشَايْءٍ ۔ يَايْئَسُ ۔ وَجِايْٓءَ ۔ اوْی

Note:— If 'Jazm' happens to be the first sign in a given line, it still connects the letter of the previous line.

يَذْرَؤُكُمْ . وَالْفُؤَادَ . بِسُؤَالِ . تُؤْمِنُوْنَ

يٰقَوْمِ لِمَ تُؤْذُوْنَنِيْ . ذِى اؤْتُمِنَ . خَلَقَ الْ

اِنْسَانَ . اُولٰٓئِكَ . مِائَةَ . ذُوالْفَضْلِ

الْعَظِيْمِ . تَهْوَى الْاَنْفُسُ . بُرَءٰٓؤُا مِنْكُمْ

اَؤُنْزِلَ . اِيْتَآئِ . يَسْتَهْزِئُ . صَلٰوةُ

بِعَزِيْزٍ ذِى انْتِقَامٍ . كَانُوْا . فِى الْاَرْضِ

زَكٰوةَ . فَاْوٗا . وَاعْلَمُوْا . لَآ اِلٰى هٰٓؤُلَآءِ

****

Lesson No. 20

A bend ـى or ـىـ may also be silent. It is so, when there is no sign or dot over it.

Example:— نَرٰىكَ is same as نَرٰكَ 'Naraka'.

نَرٰىكَ . اٰرِنِيْ . مِيْكٰيلَ . نَجْوٰىهُمْ . اٰتٰىهَا

بِاَيْىدٍ . مَثْوٰىهُ . مَاْوٰىهُمْ . اٰزْكٰىكُمْ

هَدٰىنِيْ . مَوْلٰىنَا . اَتْقٰىكُمْ . هَوٰىهُ

Note:— Rule about the ending sound of a word at the stop is given later. Till then stops are not to be observed as such.

وَاِذْ فَرَقْنَا بِكُمُ الْبَحْرَ فَاَنْجَيْنٰكُمْ وَاَغْرَقْنَآ اٰلَ

فِرْعَوْنَ وَاَنْتُمْ تَنْظُرُوْنَ ۔ وَلَقَدْ عَلِمُوْا لَمَنِ
اشْتَرٰىهُ مَالَهٗ فِى الْاٰخِرَةِ مِنْ خَلَاقٍ ۔ وَلَبِئْسَ مَا
شَرَوْا بِهٖٓ اَنْفُسَهُمْ لَوْ كَانُوْا يَعْلَمُوْنَ ۔ وَقَالَتْ
اُوْلٰىهُمْ لِاُخْرٰىهُمْ فَمَا كَانَ لَكُمْ عَلَيْنَا مِنْ
فَضْلٍ فَذُوْقُوا الْعَذَابَ بِمَا كُنْتُمْ تَكْسِبُوْنَ ۔
قَالَ لَا تُؤَاخِذْنِيْ بِمَا نَسِيْتُ وَلَا تُرْهِقْنِيْ مِنْ اَمْرِيْ
عُسْرًا ۔ خُذِ الْعَفْوَ وَاْمُرْ بِالْعُرْفِ وَاَعْرِضْ عَنِ
الْجٰهِلِيْنَ ۔ وَاَوْحَيْنَآ اِلٰى مُوْسٰٓى اَنْ اَلْقِ عَصَاكَ
فَاِذَا هِيَ تَلْقَفُ مَا يَاْفِكُوْنَ ۔ وَقَالَ الْمَلَاُ مِنْ قَوْمِ
فِرْعَوْنَ اَتَذَرُ مُوْسٰى وَقَوْمَهٗ لِيُفْسِدُوْا فِى الْاَرْضِ
وَيَذَرَكَ وَاٰلِهَتَكَ ۔ وَقِيْلَ يٰٓاَرْضُ ابْلَعِيْ مَآءَكِ
وَيٰسَمَآءُ اَقْلِعِيْ وَغِيْضَ الْمَآءُ وَقُضِيَ الْاَمْرُ ۔
لَا تَقْصُصْ رُءْيَاكَ عَلٰٓى اِخْوَتِكَ فَيَكِيْدُوْا لَكَ كَيْدًا ۔
قَالُوْٓا اَضْغَاثُ اَحْلَامٍ ۔ وَمَا نَحْنُ بِتَاْوِيْلِ الْاَحْلَامِ
بِعٰلِمِيْنَ ۔ اِذْهَبُوْا بِقَمِيْصِيْ هٰذَا فَاَلْقُوْهُ عَلٰى وَجْهِ
اَبِيْ يَاْتِ بَصِيْرًا ۔ وَاْتُوْنِيْ بِاَهْلِكُمْ اَجْمَعِيْنَ ۔ وَ
لَقَدْ عَلِمْنَا الْمُسْتَقْدِمِيْنَ مِنْكُمْ وَلَقَدْ عَلِمْنَا
الْمُسْتَاْخِرِيْنَ ۔ وَلَقَدْ جَآءَتْ رُسُلُنَآ اِبْرٰهِيْمَ

بِالْبُشْرٰى قَالُوْا سَلٰمًا قَالَ سَلٰمٌ فَمَا لَبِثَ اَنْ جَآءَ

بِعِجْلٍ حَنِيْذٍ ۔ اِذَا زُلْزِلَتِ الْاَرْضُ زِلْزَالَهَا وَ

اَخْرَجَتِ الْاَرْضُ اَثْقَالَهَا وَقَالَ الْاِنْسَانُ مَا لَهَا ۔

وَاِنْ طَآئِفَتٰنِ مِنَ الْمُؤْمِنِيْنَ اقْتَتَلُوْا فَاَصْلِحُوْا

بَيْنَهُمَا ۔ هٰذَا عَطَآؤُنَا فَامْنُنْ اَوْ اَمْسِكْ بِغَيْرِ حِسَابٍ

* * * * * * *

Lesson No. 21

Shadda

The pupil is asked to identify the sign of Shadda ـّـ, in the following:

ـّـ ـٌّـ ـٓـ ـّـ ـُـ ـِـ ـّـ ـَـ ـّـ

ـِـ ـٓـ ـَـ ـٖـ ـّـ ـٰـ ـٔـ ـّـ ـٍـ

* * * * * * *

Lesson No. 22

Shadda ـّـ in effect, is a repetition of a letter, but with two different sounds.

Example:— أَبَّ is أَبْ بَ *(abba)*, not *(ab-ba)*, حِلِّ is حِلْ لِ *(hilley)*, اَفُّ is اَفْ فُ *(affo)*

The whole of it is read in one continuity, with stress on Shadda.

اَبْ اَبَّ جَبْ جَبَّ دَبَّ سَبَّ شَبَّ

اِبْ اِبِّ جِبْ جِبِّ دِبِّ سِبِّ شِبِّ

اُبْ اُبُّ جُبْ جُبُّ دُبُّ سُبُّ شُبُّ

* *

اَبَّ اِبِّ اُبُّ جُبُّ جَبَّ جِبِّ سِبِّ

سُبُّ سَبَّ دَبَّ دُبُّ دِبِّ شِبِّ شَبَّ

اَبُّ جَبُّ دَبُّ سَبُّ سَبِّ جَبِّ دَبِّ

اِبَّ جِبَّ دِبَّ دِبُّ جِبُّ سِبُّ سُبِّ

جُبِّ دُبِّ اُبِّ شُبِّ شِبِّ شِبُّ شَبُّ

****

مُدُّ مَدَّ مَدِّ مَدُّ مِدُّ مِدَّ مُدَّ مُدُّ

جَسَّ جَسِّ جَسُّ جُسُّ جِسُّ هِنُّ هِنَّ هُنَّ

هَنَّ هَمَّ هَمِّ هُمَّ هُلَّ جُلَّ جُرَّ فَرَّ بَرَّ

****

جَلَّ ظَنَّ عَلَّ اَنَّ سَبَّ يَنَّ وَلَّ هَثَّ اَرَّ

اَمَّ اَفُّ اِفَّ اُسَّ اُمِّ يَمُّ يَتَّ وَتَّ ثُمَّ

لُمَّ مُصَّ صَلِّ نَبِّ مَحِّ مَنَّ مُتَّ حُجَّ

****

حَقِّ رَبِّ جَزِّ جُزَّ تُرَّ تِرُّ حِظُّ حَظِّ صَدِّ

صِدُّ كِذُّ كُذِّ كُلِّ يُمِّ يَمَّ اَفَّ اِلَّ بَشِّ

ذَمِّ اِنَّ كُمَّ لِلَّ نِرَّ نَصِّ هِرَّ طَلَّ دَلِّ اَمُّ

مِمَّ مَلُّ نَسُّ سَنَّ دَمِّ شُحَّ فَعَّ لَغِّ عَدَّ

عَلَّمَ ۰ لَعَلَّ ۰ فَصَلِّ ۰ يُحِبُّ ۰ سَبَّحَ ۰ هَلُمَّ

نَبَأَ ۰ رَبُّكَ ۰ إِنَّمَا ۰ كَأَنَّ ۰ لِكُلِّ ۰ ظَنُّكُمْ

كُلَّمَنْ ۰ رَبَّنَا ۰ إِنَّنَا ۰ فُصِّلَتْ ۰ يُذَبِّحُونَ

* *

سُعِّرَتْ ۰ عُطِّلَتْ ۰ تَكُونَنَّ ۰ وَلَأُغْوِيَنَّهُمْ

يَتَخَبَّطُ ۰ لِيُمَحِّصَ ۰ فَلَنُوَلِّيَنَّكَ ۰ قَدَّرَ

كَذَّبَتْ ۰ صَدَّقَ ۰ فَسَنُيَسِّرُهُ ۰ مُتَّكِئِينَ

تَنَفَّسَ ۰ لَتُنَبِّئَنَّهُم ۰ لِيُطَهِّرَ ۰ يَمُدُّهُمْ

فَلَنُحْيِيَنَّهُ ۰ نُزِّلَ ۰ حُرِّمَ ۰ حُجَّةٌ ۰ رَبِّهِمْ

Shadda on the Vowel

The same rule as above is applied here.

Example:— اَوَّ is read 'awwa'.

اَوَّ بَوَّ تَوَّ رِتَوَّ ثِوَّ جِوَّ جُوَّ حُوَّ خُوَّ

دُوَّ دِوَّ دُوِّ دَوِّ ذَوُّ ذِوُّ رِوَّ رَوِّ رَوِ

زَوِ سَوِّ سُوِّ شُوَّ صَوِّ ضِوِّ عَوَّ وَوَّ مَوُّ

* *

اَيَّ اَيِّ اَيُّ بَيُّ تَيُّ ثَيُّ جَيِّ جَيَّ

حَيَّ خَيَّ خَيِّ سَيِّ دَيِّ سُيِّ دَيَّ ذَيِّ

قَيِّ بِيُّ لِيُّ رَيَّ طَيِّ زَيَّ زُيِّ مِيٌّ صَيِّ

صَوِّ اِيَّ شَوَّ مَيَّ دَوَّ نِيَّ تُوَّ نِيُّ رَوَّ

بَيِّ لَوَّ حَيَّ بَوَّ رُيَّ اَيُّ قُوَّ فَوَّ غَيِّ كُوِّ هَيِّ زُوِّ

مُبَيِّنٰتٍ ـ مِنْ قُوَّةٍ ـ ثَيِّبٰتٍ ـ يُزَوِّجُهُمْ ـ اَيُّهَا

نُسَوِّيَ ـ سَوَّلَ ـ سَيِّاٰتِهٖ ـ ثَوِّبَ ـ يَتَخَيَّرُوْنَ

كُوِّرَتْ ـ زُوِّجَتْ ـ سُيِّرَ ـ زُيِّنَ ـ لَدَيَّ ـ اَوَّلَ

* * * * * * *

Lesson No. 23

As in lesson No. 19, the blank letters given below are silent.

Example:— وَالّ is same as وَلّ *(walla)*; نَالسُّ is نَسُّ *(Nasso)* وُاالذَّ is وُزَّ *(wuzza)* etc.

وَالّ ـ نَالسُّ ـ هَاالّ ـ مُوا الصَّ ـ كَالـدِّ

هَاالـنَّ ـ نَالـرِّ ـ وُاالـزَّ ـ وُنَّ ـ فِي الـسَّ ـ

وَالَّذِيْنَ ـ يٰاَيُّهَاالَّذِيْنَ ـ اٰمَنَ الـسُّفَهَآءُ ـ

اَقِيْمُوا الصَّلٰوةَ ـ كَالـدِّهَانِ ـ يٰاَيُّهَاالنَّبِيُّ

مِنَ الرِّبٰوا ۔ اٰتَوُا الزَّكٰوةَ ۔ فِي السَّمٰوٰتِ

لَتُنَبَّؤُنَّ ۔ وَاتَّبَعُوا الشَّهَوٰتِ ۔ لِلذَّكَرِ

* * * * * * *

Lesson No. 24

Shadda with Tanveen

There are three cases: ـــًّـ , ـــٌّـ , ـــٍّـ

Example:— صِرًّا is صِرَّنْ ; صِرٌّ is صِرُّنْ ; صِرٍّ is صِرِّنْ ; the letters are all read in continuation. As for instance, صِرٍّ is 'sirrin' not sir-rin.

Mixed Exercise

Example:— مَرْجُوًّا is, 'mar-juwwan'. The last is silent.

صِرٌّ صِرًّ ۔ حَظٍّ حَظٌّ ۔ ظِلٍّ ظِلٌّ

رَبٌّ حَيٌّ فَجٍّ جَوٍّ كُلٌّ بَرٌّ غَمٍّ

Mixed Exercise

حُبًّا ۔ صَفًّا ۔ قَوِيٌّ ۔ مَرْجُوًّا ۔ وَلِيٌّ ۔ مُكِبًّا

سَوِيًّا ۔ عُتُلٍّ ۔ عَدُوٌّ ۔ مَدًّا ۔ صُمٌّ ۔ شَقًّا

* * * * * * *

Lesson No. 25

Shadda with vertical Fatha

Example:— اَللّٰهُ is alla. The last 'a' is pulled high up. سَوّٰى is 'sawwa'.

اَلَّ اَلْ سَوَّ نَظَّ لِبَّ عَنَّ لَقَّ

Mixed Exercise

اَللّٰهُ ۔ فَسَوّٰىهُنَّ ۔ مِنَ الظّٰلِمِيْنَ ۔ بَلِ ادّٰرَكَ

لَعَنَّهُمْ ۔ فَتَلَقّٰى ۔ سَمّٰعُوْنَ ۔ اَكّٰلُوْنَ ۔ جَنّٰتِ

وَالذّٰرِيٰتِ ۔ قُلِ اللّٰهُمَّ ۔ لِلّٰهِ ۔ فَلِلّٰهِ ۔ حَتّٰى

* * * * * * *

Lesson No. 26

Shadda with vertical Kasra

Example:— بِيّ is 'Biyyee' *(not biyye)*. The last two 'ee' are very deep. This lesson has three examples. Other examples come under Lesson No. 27.

بِيِّ بِيِّ نِيِّ مِيِّ نَبِيِّنَ

* * * * * * *

Lesson No. 27

Three letters with combined sound

Example:— عَلَّمَ is read 'allam' etc.

عَلَّمْ رَشَّمْ مَسَّتْ كِنَّلْ فِدُّنْ

Example:— يَسَّرْنَا الْقُرْآنَ is **'Yassarnal Quran'**, only the underlined part of the long word is the three letter combination which is يسر

عَلَّمْتَنَا ۔ سَخَّرَ الشَّمْسَ ۔ مَسَّتْهُمْ ۔ وَلٰكِنَّ

الْبِرَّ ۔ فِي الدُّنْيَا ۔ وَالنَّسْلَ ۔ عُلِّمْنَا ۔ فَسَبِّحْ

اٰخَّرْتَنِيْ ۔ صَرَّفْنَا ۔ نَبِّئْهُمْ ۔ لِلسَّلْمِ ۔ مِمَّنْ

وَحْدَهٗ اشْمَأَزَّتْ ۔ وَلَقَدْ يَسَّرْنَا الْقُرْاٰنَ لِلذِّكْرِ

فَعَّا رَبَّا ضَنَّا رَدَّا خَوَّا اِيَّا لَمَّا

Note:— The combination of three letters is not affected by blank letters in between. These remain silent. However blank Aliph after Shadda is not silent.

فَعَّالٌ ۔ رَبَّانِيِّنَ ۔ اَفَاضَ النَّاسُ ۔ ذِكْرَى الدَّارِ

خَوَّانٍ ۔ اِيَّاكَ ۔ اَلْاَخِلَّآءُ ۔ تَبَوَّؤُ الدَّارَ ۔ قَهَّارٌ

كَلَّا ۔ لَوَّاحَةٌ ۔ مِمَّا ۔ سَتَّارٌ ۔ رَزَّاقٌ ۔ ضَرَّآءَ

حِبُّوْ مُتُّوْ وَلَّوْ بِيُّوْ نِيُّوْ اَيُّوْ لَوَّوْ

يُحِبُّوْنَهٗ ۔ وَعِنْدَهُمُ التَّوْرٰىةُ ۔ حَوَارِيُّوْنَ

يَتَوَلَّوْنَ ۔ نَبِيُّوْنَ ۔ لَوَّوْارُءُوْسَهُمْ ۔ اَيُّوْبَ

رَبَّانِيُّوْنَ ۔ حُلُّوْا ۔ فَوْقَكُمُ الطُّوْرَ ۔ يَظُنُّوْنَ

صَلِّيْ مِدِّيْ مَشِّيْ رُلِّيْ حُيِّيْ رَبِّيْ

Note:— In the last line of this exercise there are two Shadda signs side by side.

Example:— نَصَدَّ is 'Nassadda', لِيُّلَّ is 'Liyyulla'.

مِنَ الْمُصَلِّيْنَ ۔ يَوْمِ الدِّيْنِ ۔ فَأَزَلَّهُمَا الشَّيْطٰنُ

مُنْفَكِّيْنَ ۔ وَإِذَا حُيِّيْتُمْ ۔ قَفَّيْنَا ۔ يُزَكِّيْكُمْ

* *

نَصَّدَّ وَدُّلَّ لِيُلَّ نَسَّيِّ يَذَّكَّ مُطَّوِّ

More examples in two Shadda side by side. لَنَصَّدَّقَنَّ is read 'Lanassadda-qanna'. The following part is from three letter combination. combination.

لَنَصَّدَّقَنَّ ۔ يَوَدُّ الَّذِيْنَ ۔ يَعْمَلُوْنَ السَّيِّاٰتِ

وَلِيُّ الَّذِيْنَ ۔ يَذَّكَّرُوْنَ ۔ يٰاَيُّهَا الْمُزَّمِّلُ

يٰاَيُّهَا الْمُدَّثِّرُ ۔ ذُرِّيَّةٌ ۔ فَاطَّهَّرُوْا ۔ يَصَّدَّنَّكَ

* *

اِنَّلْ اُمِّيّ وَفَّصْ اِلَّلْ كَنَّ ظْ

اِنَّ اللّٰهَ يُحِبُّ الْمُحْسِنِيْنَ ۔ فِي الْاُمِّيّنَ سَبِيْلٌ

يُوَفَّى الصّٰبِرُوْنَ ۔ اِلَّا الّٰتِيْ ۔ لَنُهْلِكَنَّ الظّٰلِمِيْنَ

* * * * * * * *

Lesson No. 28

Four letters with combined sound

Example:— لُطَّيَّرْ is read 'Luttayyar'.

لُطَّيَّرْ ۔ تَزَّقُّوْا ۔ حِلِّصَّيْ ۔ وَرَّزَّا ۔ وَلُنَّلْ

Note:— The combination of four letters is not affected by blank letters in between. These remain silent. Blank Aliph after Shadda is not silent as explained before.

قَالُوا اطَّيَّرْنَا ۔ شَجَرَتَ الزَّقُّوْمِ ۔ مُحِلِّى الصَّيْدِ

هُوَ الرَّزَّاقُ ۔ لَيُوَلُّنَّ الْاَدْبَارَ ۔ اِنَّ السَّمْعَ

بِالنَّفْسِ اللَّوَّامَةِ ۔ وَالرَّبَّانِيُّوْنَ ۔ اُمِّيُّوْنَ

بَعْضُ السَّيَّارَةِ ۔ عِلِّيِّيْنَ ۔ اَنَا التَّوَّابُ الرَّحِيْمُ

مَسَّنَلَّ ۔ زَيَّنَّسَ ۔ لَيَمَسَّنَّ الَّذِيْنَ كَفَرُوْا

مِنْهُمْ عَذَابٌ ۔ وَلَقَدْ زَيَّنَّا السَّمَآءَ الدُّنْيَا

* * * * * * *

Lesson No. 29

Tanveen before Shadda

The normal sound of Tanveen is not produced if there is a Shadda immediately after it. There are two situations.

(a). Tanveen changes to Fatha, Kasra or Damma as the case may be, if Shadda is upon the consonant.

Example:— طٍلِّ is read طَلِّ *(Talli)*

(b). Tanveen changes to half pronounced ' ں ' *(Nun Ghunna)* if the Shadda is on a vowel.

Example:— تٍوَّ is read 'Ti(n)wwa'. It is not read 'Tinwwa' nor Tiwwa. The bracketed (n) is just an under-tone sound in 'n'. Examples of Nun Ghunna are very common in the Holy Quran.

ذٌ لَّ	طٌ لِّ	فٌ رَّ	رٌ رَّ	نٍ رَّ	ءٌ لِّ
ذُلَّ	طَلِّ	فُرَّ	رُرَّ	نِرَّ	ءُلِّ

تِلَّ رُلَّ عُنَّ ءِنُّ بِمِّ ءِمَّ رِمَّ

تِلَّ رُلَّ عُنَّ ءِنُّ بِمِّ ءِمَّ رِمَّ

ةِوَّ رِوَّ ءِوَّ مُوَّ رَيَّ طَيَّ يَّ يُّ

Mixed Exercise

اَذًى لَّهُمْ ۔ وَسَطًا لِّتَكُوْنُوْا ۔ رَءُوْفٌ رَّحِيْمٌ

غَفُوْرٌ رَّحِيْمٌ ۔ طَلْعٌ نَّضِيْدٌ ۔ شَيْءٍ نُّكُرٍ

كَصَيِّبٍ مِّنَ السَّمَآءِ ۔ مَآءٍ مَّهِيْنٍ ۔ اَمْرٍ مَّرِيْجٍ

شَيْطَانٍ رَّجِيْمٍ ۔ بٰسِقٰتٍ لَّهَا ۔ جَزَآءً لِّمَنْ

* *

جَنّٰتٍ وَّعُيُوْنٍ ۔ ذَكَرٍ وَّاُنْثٰى ۔ خَيْرًا يَّرَهٗ

حَمِيْمٌ وَّغَسَّاقٌ ۔ سَاقِطًا يَّقُوْلُوْا ۔ مُنَادِيًا يُّنَادِيْ

* *

لَذِكْرٌ لَّكَ ۔ ظُلْمًا وَّزُوْرًا ۔ مُبٰرَكٌ لِّيَدَّبَّرُوْا

خَيْرٍ يُّوَفَّ ۔ مُحَمَّدٌ رَّسُوْلُ اللهِ ۔ هُدًى وَّ

عَدْنٍ مُّفَتَّحَةً لَّهُمُ الْاَبْوَابُ ۔ بَنَّآءٍ وَّغَوَّاصٍ

اَيَّامٍ نَّحِسَاتٍ لِّنُذِيْقَهُمْ ۔ بَلٰٓؤٌا مُّبِيْنٌ ۔ اِذًا لَّ

خَيْرًا مِّنْهُمْ ◆ نُوْرًا نَّهْدِيْ ◆ ذِكْرٌ لِّلْعٰلَمِيْنَ

فَوَيْلٌ يَّوْمَئِذٍ لِّلْمُكَذِّبِيْنَ ◆ قَوْمٌ مِّنْ قَوْمٍ

اَخْذَةً رَّابِيَةً ◆ ثَمَرَةٍ رِّزْقًا ◆ عَيْنًا يَّشْرَبُ

لُؤْلُؤٌ مَّكْنُوْنٌ ◆ مَجْنُوْنٌ وَّازْدُجِرَ ◆ حِطَّةٌ نَّغْفِرْ

****

شَرًّا يَّرَهٗ ◆ وَلِيًّا يَّرِثُنِيْ ◆ فِرَاشًا وَّالسَّمَآءَ

اِلًّا وَّلَا ذِمَّةً ◆ قَاصِدًا لَّاتَّبَعُوْكَ ◆ كُلٌّ لَّهٗ

وَجَعَلْنٰهَا رُجُوْمًا لِّلشَّيٰطِيْنِ ◆ فَوَيْلٌ لِّلَّذِيْنَ

مَنْ كَانَ عَدُوًّا لِّجِبْرِيْلَ ◆ ءَاَعْجَمِيٌّ وَّعَرَبِيٌّ

****

غُزًّى لَّوْ ◆ لَحَقٌّ مِّثْلَ ◆ رَيْبٍ مِّمَّا ◆ خَيْرٌ مِّمَّا

رَحْمَةً مِّنَّا ◆ وَلِكُلٍّ وِّجْهَةٌ ◆ اَيًّا مَّا تَدْعُوْا

لَعِلْمٌ لِّلسَّاعَةِ ◆ نَصِيْبٌ مِّمَّا اكْتَسَبُوْا

هَمَّازٍ مَّشَّآءٍ ◆ غِلًّا لِّلَّذِيْنَ ◆ لِقَوْمٍ يَّذَّكَّرُوْنَ

* * * * * * *

Lesson No. 30

Five Letters with combined sound

The examples given below have been gradually developed to five combined letters. Finally دُرِّيٌّ يُّوْ is read 'Durriyyu(n)yyu.

دُرْ دُرِّ دُرِّيْ دُرِّيٌّ دُرِّيٌّ يُّوْ .

كَوْكَبٌ دُرِّيٌّ يُّوْقَدُ مِنْ . حَقٌّ لِّلسَّآئِلِ .

* * * * * * *

Lesson No. 31

Six Letters with combined sound

Gradually developed, the six letters combination is رِلُّجِّيِّ يَّغْ which is read; 'Rillujji-Yi(n)yyagh'.

رِلْ رِلُّجْ رِلُّجِّ رِلُّجِّيْ رِلُّجِّيِّ رِلُّجِّيِّ يَّغْ

فِيْ بَحْرٍ لُّجِّيٍّ يَّغْشٰهُ

Note:— The other example of six letter combined sound, is given under lesson 33. Apart from it there is no other, in the Holy Quran; nor there is any, of more than six letters combined.

* * * * * * *

Lesson No. 32

Idgham

Before Shadda ـّـ, if there is a letter with Jazm ـْـ, the letter is dropped out' in reading *(Idgham)*. The letter that occurs before Jazm is then combined with Shadda.

Example:— قدْت is read قَتَّ *(Qatta)*.

قَدْ تَ وَدْ تَ اِذْظَّ كُنْظَّ مِنْلَّ اَنْلَّ
نَتْ دَتْ مِذَّ اِظَّ مِلَّ اَلَّ

صَوَّ اَوَّ لَتْ دَّ لُقْكَّ هَلْلَّ وَوَّ
صَوَّ اَوَّ لَدَّ لُكَّ هَلَّ وَوَّ

مِنْ وَّ مَنْ يَّ لَنْ يَّ اَنْ يَّ مِنْ وَّ

But if the Jazm in such a situation, is on the letter ن and the Shadda sign happens to be on a vowel, then the letter ن is not dropped out. It is then half pronounced as letter 'Nun Ghunna'.

Example:— مِنْ وَّ is read Mi(n)wwa. اَنْيَّ is read A(n)yyo not 'ayyo'.

عَنْ مَّ مَنْ نَّ اِنْ مَّ مِنْ مُّ كُمْ مِّ كَبْ مَّ
عَمَّ مَنَّ اِمَّ مِمُّ كُمِّ كَمَّ

Mixed Exercise

قَدْ تَبَيَّنَ الرُّشْدُ ۰ رَاوَدْتُهُ ۰ اِذْظَلَمُوا ۰ اَحَطْتُ ۰ يَكُنْ لَهُنَّ ۰ مِنْ لَدُنْكَ ۰ عَصَوْا وَّكَانُوا ۰ هَلْ تَنَا عَفَوْا وَّقَالُوا ۰ تَسْتَطِعْ عَلَيْهِ ۰ اَوَوَا وَّنَصَرُوا ۰ مِنْ وَّرَآئِهِمْ ۰ مَنْ يُّنَشَّؤُا ۰ لَنْ يَّضُرُّوا اللّٰهَ عَنْ مَّوَا ۰ مَنْ تَكَثَ ۰ لَنْ يُّؤَخِّرَ اللّٰهُ ۰ مِنْ وَّلِيٍّ فِيْ مَعْزِلٍ يَّبْنِيَّ اِرْكَبْ مَّعَنَا ۰ اَنْ يُّمِدَّكُمْ

مِنْ يَوْمٍ ، مِنْ مَّاءٍ ، مِنْ وَّالٍ ، مِنْ وُجْدِكُمْ ، اَنْ يُّحْيِ يَ الْمَوْتَى ، عَبَدْتُّمْ ، قُلْ لَّا اَسْـَٔلُكُمْ ، لَنْ يَّجْعَلَ ، مِنْ رُّوحِيْ ، اَنْ لَّيْسَ ، اَنْ لَّا ، اِنْ يَّا
* * * * * * * * * * * * * * * *
عَبَدْتَّ ، قُلْ رَّبِّ ، مَهَّدْتُّ ، اِنْ مَّسَّهُ الشَّرُّ مِنْ رَّبِّهِمْ ، عَجِّلْ لَّنَا ، بَلِ اللّٰهِ ، مِنْ مُّدَّكِرٍ يُبَيِّنْ لَّنَا ، مَنْ يَّتَّبِعُ ، يُوَجِّهْهُ ، اَمَنْ لَّا يَهِدِّيٓ اِلَّآ اَنْ يُّهْدَى ، نُطْفَةً مِّنْ مَّنِيٍّ يُّمْنَى
* * * * * * * * * * * * * * * *
قُلْ تَنْ يُّصِيْبَنَا ، عَنْ مَّنْ يَّشَآءُ ، لَكُمْ مِّنْ مَّلْجَاٍ يَّوْمَئِذٍ وَّ ، مِمَّنْ يَنْقَلِبُ ، يَأْتِيْهِمْ مِّنْ نَّبِيٍّ ، فَهُمْ مِّنْ مَّغْرَمٍ مُّثْقَلُوْنَ ، كَاَيِّنْ مِّنْ نَّبِيٍّ ، مِنْ رَّبٍّ رَّحِيْمٍ ، عَلٰى هُدًى مِنْ رَّبِّهِمْ ، مِمَّمَّ ، اُمَمٍ مِّمَّنْ مَّعَكَ ،
* * * * * * * * * * * * * * * *
اُكُمِّمَّا ، نَخْلُقْكُمْ مِّنْ مَّآءٍ مَّهِيْنٍ ، ظِلٍّ مِّنْ يَّحْمُوْمٍ ، لِمَرَّبِّلْ ، تَنْزِيْلٌ مِّنْ رَّبِّ الْعٰلَمِيْنَ

Lesson No. 33

Reflex and blending Madda

After Madda ‾ if there comes a letter with Jazm or Shadda the letter bearing Madda is first prolonged and then it is combined with the following letter;

Example:— آلْ is long like 'aal' هَآمَّ is long like 'haamma' رُوْنِّيْ is long like 'Ruunni'.

These cases are very common in the Holy Quran. Therefore there are several Mixed Exercises in this lesson;

آلْ ۰ آلْئٰنَ وَقَدْ عَصَيْتَ قَبْلُ ـ
ءَآذْ ۰ غَآنٍّ ۰ هَآمَّ ۰ وَآبٍّ ۰ ضَآرٌّ

Mixed Exercise

قُلْ ءَآلذَّكَرَيْنِ ۰ تَتَّبِعٰٓنِّ ۰ مُدَّهَآمَّتٰنِ ۰ شَرُّ
الدَّوَآبِّ ۰ غَيْرَ مُضَآرٍّ ۰ ضَآلًّا ۰ كَآفَّةً ۰ حَآجَّهُ
آلْ ۰ ءَآلْ ۰ ضَآفَّتٍ ۰ ٱللّٰهُ ۰ ءَٱللّٰهُ
حَآضُّ ۰ آمِّيْ ۰ حَآدُّوْ ۰ مَآسَّ ۰ رُوَّنِّيْ
تَحَآضُّوْنَ ۰ آمِّيْنَ ۰ يُحَآدُّوْنَ ٱللّٰهَ ۰ يُوَآدُّوْنَ
اَنْ يَتَمَآسَّا ۰ تَأْمُرُوَّنِّيْ ۰ ضَآرِّيْنَ ۰ حَآفِّيْنَ

تِصَّآخَّ ۔ حَآدَّلْ ۔ تِظَّآنِّيْ ۔ حَآجُّوْنِّيْ

Mixed Exercise

جَآءَتِ الصَّآخَّةُ ۔ حَآدَّاللّٰهَ مَنْ يُّشَآقِّ اللّٰهَ

وَالْمُشْرِكٰتِ الظَّآنِّيْنَ ۔ وَلَا الضَّآلِّيْنَ ۔ اَيُّهَا

الضَّآلُّوْنَ ۔ قَالَ اَتُحَآجُّوْنِّيْ فِي اللّٰهِ وَقَدْ هَدٰىنِ

****

Lesson No. 34

Muqatte'at Letters of abbreviation in Quran

Some chapters of the Holy Quran, after بسم الله begin with letter (s) of abbreviation. These are made up of one or more, to a maximum of five letters of the alphabet. Their pronunciation is governed by the following rules:

1. A letter bearing Madda ـٓ is read by its original name with prolonged sound.

2. A letter with vertical Fatha ـٰ is pronounced according to its sign.

3. Blank Aliph, here, is not silent. It is read by its original name.

4. A letter with Shadda ـّ combines the letter that comes before it according to common rule.

نٓ	قٓ	صٓ	حٰمٓ	يٰسٓ	طٰسٓ
نُوْنْ	قَآفْ	صَآدْ	حَامِيْمْ	يَاسِيْنْ	طَاسِيْنْ
طٰهٰ	عٓسٓقٓ	كٓهٰيٰعٓصٓ	الٓرٰ		
طَاهَا	عَيْنْ سِيْنْ قَآفْ	كَآفْ هَا يَا عَيْنْ صَآدْ	اَلِفْ لَآمْ رَا		

الٓمٓ   طسٓمٓ   الٓمٓرٰ   الٓمٓصٓ

اَلِفْ لَآمْ مِيْمْ   طَا سِيْنْ مِيْمْ   اَلِفْ لَآمْ مِيْمْ رَا   اَلِفْ لَآمْ مِيْمْ صَآدْ

* * * * * * *

Lesson No. 35

Nun Qutni

Nun-Qutni is a small print with Kasra and is written below a black 'ن'.The Aliph of it is silent. The Nun is pronounced as per rule. Equivalent Arabic pronounciation is given under each example.

خَيْرًا ٱلْوَصِيَّةُ ، نُوحُ ٱبْنَهُ ، شَيْـًٔا ٱتَّخَذَ

خَيْرَ نِلْوَصِيَّةُ   نُوْحُ نِبْنَهُ   شَيْءَ نِتَّخَذَ

* * * * * * *

Lesson No. 36

Small Mim

In the Holy Quran, small mim 'م' is sometime found printed on top of letter Nun, bearing Jazm when its following letter is 'ba'. In this case 'Mim' is pronounced instead of Nun.

Example:— يَنۢبُوعًا is read 'Yambuan' *(not Yanbuan).* Mim is also found written over the sign of Tanveen, when the following letter is 'ba'. In this case too, the 'Mim' is pronounced instead of 'Nun' sound of the Tanveen.

Example:— نفس بما is read 'Nafsin-bima' *(not Nafsinbima).*

يَنۢبُوعًا ، نَفْسٍۭ بِمَا ، خَبِيرًۢا بَصِيرًا ، رَجْعٌۢ بَعِيدٌ

يَمْبُوْعً   نَفْسِمْ بِمَا   خَبِيْرَمْ بَصِيْرَا   رَجْعُمْ بَعِيْدٌ

****

Lesson No. 37

Wuqoof - Stops

The Holy Quran combines several stop signs. Some of them are:

O = Ayat sign.

م = Compulsory stop sign.

ج = Optional stop sign.

ط = General stop sign

and there are also combinations such as: ۵, ۵, ۵.

When any of the above stop signs is met with during the course of recitation of the Holy Quran, there are certain rules to follow, in order to stop there.

1. If the word ends in Jazm there is no modification of sound at the stop.

Example:— كُوِّرَتْ ۵ is read 'Kuwwerat'

2. If the word ends in ءً , it is regarded to be أ

Example:— نِسَآءً ۵ is read 'Nissa'.

3. If the word ends with a sign which is not Jazm, it is changed to Jazm which then connects the preceding letter.

Example:— ملك ط is read 'Malak' شُهَدَآءُ is read 'Shuhada' with a catch at end. غَيْرِهٖ ۵ is read 'Ghairih'.

4. Ending ة changes to ۂ *(ha with Jazm)*

Example:— قُوَّةٌ ط is read 'Quwwah'.

5. Blank Aliph, with a double Fatha ــً before it, changes to Fatha ــَ and Aliph remains blank.

Example:— جُزْءًا ط is read 'Juz'a'. رَقِيبًا is read 'Raqiba'.

6. If the word ends in blank Aliph, but there is no double Fatha before it. There is no change in sound at the stop.

Example:— تَهْتَدُوْا ط is 'Tahtadu'.

7. If the word ends in blank 'ya' ى and the sign preceding it, is double Fatha,then ya changes to Aliph and double Fatha to simple Fatha.

Example:— ضُحًى is read 'Duha'

8. If the word ends in blank 'ya' and there is vertical Fatha before it, there is no change of sound at the stop.

Example:— آبٰى is read 'aba'.

More examples for practice are given below together with equivalent Arabic in each case.

رُسُلِ ○ وَالِدَتِكَ ۚ غَيْرِهٖ ○ لَهَبٍ ○ دَلْوَهٗ ؕ

رُسُلِ وَالِدَتِكَ غَيْرِهٖ لَهَبٍ دَلْوَهٗ

****

حَافِظٌ ○ هُوَ ۚ فَنَسِيَ ○ صٰدِقِيْنَ ○ عَظِيْمٌ ○

حَافِظٌ هُوَ فَنَسِيَ صٰدِقِيْنَ عَظِيْمٌ

****

فِيْهِ ۚ شَيْءٍ ؕ يُنْفِقُوْنَ ○ تَعْلَمُوْنَ ○ شَكُوْرٍ ○

فِيْهِ شَيْءٍ يُنْفِقُوْنَ تَعْلَمُوْنَ شَكُوْرٍ

****

اُمُوْرُ ○ اَلْبَابِ ○ ضَلٰلٍ ○ زَوْجٍنِ ○ شُهَدَآءَ ۚ

اُمُوْرُ اَلْبَابِ ضَلٰلٍ زَوْجٍنِ شُهَدَآءَ

****

عِبَادِهِ الْعُلَمٰٓؤُا ۚ رَقِيْبًا ○ ضُحًى ○ مُصَلًّى ○

عِبَادِهِ الْعُلَمٰٓؤُا رَقِيْبًا ضُحًى مُصَلًّى

****

اَبٰى ○ قُوَّةً ۚ ثَمٰنِيَةٌ ○ كُوِّرَتْ ○ تَنْهَرْ ○

اَبٰى قُوَّةً ثَمٰنِيَةٌ كُوِّرَتْ تَنْهَرْ

****

فَحَدِّثْ ○ ذِكْرِيْ ○ زَكَرِيَّا ○ قَوَارِيْرَا ○

فَحَدِّثْ ذِكْرِيْ زَكَرِيَّا قَوَارِيْرَا

****

تَهْتَدُوْا ؕ بَرْقٌ ۚ مُلْكُ ۚ لَهْوٌ ؕ شَاْنٍ ○

تَهْتَدُوْا بَرْقٌ مُلْكُ لَهْوٌ شَاْنٍ

****

قِسْطِ ۚ اِيَّايَ ؕ مَثْوَايَ ؕ فِيْهِنَّ ۚ جَآنٌّ ○

قِسْطِ اِيَّايَ مَثْوَايَ فِيْهِنَّ جَآنٌّ

****

نِسَآءً ؕ نِسَاءً ؕ نِدَآءً ؕ نِدَاءً ؕ جُزْءًا ؕ جُزْءً ؕ تُقٰىةً ؕ تُقَةً

The stop signs

This sign is frequently met with, in the Holy Quran. Here one may not stop. Both options are open.

Not stopping at ۝ٚ : In this case, the sign is regarded to be just ' لا ', which means do not stop. One has to proceed on, to the next word without pause, connecting the next word if need be.

Example:— رحيماۤ ۝ٚ والمحصنت is read 'Rahima(n)wwalmuhsinatu'.

Stopping at ۝ٚ : In this case, the sign is regarded to be just '۝' which is the sign of 'Ayat' meant for stopping. But the stop is observed according to proper rules, given earlier.

Begining the next word after ۝ : Here there are three cases.

1. If the word next to ۝ٚ begins with Shadda ـّـ , the Shadda is replaced bv Fatha ـَـ رحيما والمحصنت changes to رحيما والمحصنت *(Rahima Walmuhsinatu)*. Further illustrations of not stopping and stopping at '°' are given below.

غَفُوْرًا رَّحِيْمًا ۝ٚ وَّالْمُحْصَنٰتُ • كُلَّ كَفَّارٍ عَنِيْدٍ ۝ٚ

(۱) وقف نہ کرنیکی صورتمیں رَحِيْمَوَّلْمُحْ (۲) وقف کرنیکی صورتمیں رَحِيْمَا ۝ وَلْمُحْ (۱) عَنِيْدٍ مَّنَّا

مَنَّاعٍ لِّلْخَيْرِ • وُجُوْهٌ يَّوْمَئِذٍ نَّاعِمَةٌ ۝ٚ لِّسَعْيِهَا

(۲) عَنِيْدْ ۝ مَنَّا (۱) نَاعِمَتُلِّسَعْيِهَا (۲) نَاعِمَهْ ۝ لِسَعْيِهَا

رَاضِيَةٌ ۝ٚ فِيْ جَنَّةٍ عَالِيَةٍ ۝ٚ لَّا تَسْمَعُ • وَلَا يَسْئَلُ

(۱) رَاضِيَةً فِيْ (۲) رَاضِيَهْ ۝ فِيْ (۱) عَالِيَتَلَّا تَسْمَعُ (۲) عَالِيَهْ ۝ لَا تَسْمَعُ

حَمِيْمٌ حَمِيْمًا ۝ٚ يُّبَصَّرُوْنَهُمْ • اِلَّا قَلِيْلًا ۝ٚ نِّصْفَهٗ

(۱) حَمِيْمَيُّبَصّ (۲) حَمِيْمَا ۝ يُبَصّ (۱) قَلِيْلَنِّصْ • (۲) قَلِيْلَا ۝ نِصْ

2. If the word after ° begins with a blank Aliph and a Lam or it begins with Nun-Qutni and a Lam, the start is made with Fatha, and without Nun-Qutni. عالمين الرحمن الرحيم changes to عالمين ۝ الرحمن الرحيم *(Alamin. Arrahmanirrahim)*. عرضا الذين changes to عرضا ۝ الذين *(Arda. Alladhina)*. Further illustration of not stopping and stopping at are given below.

ٱلْحَمْدُ لِلّٰهِ رَبِّ ٱلْعٰلَمِيْنَ ۙ○ ٱلرَّحْمٰنِ ٱلرَّحِيْمِ

(١) عَالَمِيْنَرَّحْ (٢) عَالَمِيْنْ ۃ اَرَّحْ

فَلَآ اُقْسِمُ بِالْخُنَّسِ ۙ○ الْجَوَارِ الْكُنَّسِ ◆ اِرَمَ ذَاتِ

(١) خُنَّسِلْجَوَا (٢) خُنَّسْ ۃ اَلْجَوَا

الْعِمَادِ ۙ○ الَّتِيْ ◆ هُدًى لِّلْمُتَّقِيْنَ ۙ○ الَّذِيْنَ ◆

(١) عِمَادِلَّتِيْ (٢) عِمَادْ ۃ اَلَّتِيْ (١) مُتَّقِيْنَلَّذِيْنَ (٢) مُتَّقِيْنْ ۃ اَلَّذِيْنَ

عَرْضًا ۙ○ نِ الَّذِيْنَ ◆ خَبِيْرًا ۙ○ نِ الَّذِيْ ◆ يَوْمًا يَّجْعَلُ

(١) عَرْضَنِلَّذِيْنَ (٢) عَرْضَا ۃ اَلَّذِيْنَ (١) خَبِيْرَنِلَّذِيْ (٢) خَبِيْرَا ۃ اَلَّذِيْ

الْوِلْدَانَ شِيْبَا ۙ○ نِ السَّمَآءُ ◆ مُعْتَدٍ مُّرِيْبِ ۙ○ نِ الَّذِيْ

(١) شِيْبَنِسَّمَآءُ (٢) شِيْبَا ۃ اَلسَّمَآءُ (١) مُرِيْبِنِلَّذِيْ (٢) مُرِيْبْ ۃ اَلَّذِيْ

3. If the word after ○ begins with a blank Aliph or with a Nun-Qutni, but there is no Lam after it, the word is then started with a sign, same as that of the 3rd letter after ○.

هٰرُوْنَ اَخِى اشْدُدْ بِهٖ changes to هٰرُوْنَ اَخِى اُشْدُدْ بِهٖ (*Haruna akhi. Ushdud bihi*). نَفُوْرَانِ اسْتِكْبَارًا changes to نَفُوْرَا اِسْتِكْبَارًا (*Nafura. Istikbaran*). Further illustrations of not stopping and stopping at are given below.

هٰرُوْنَ اَخِى ۙ○ اشْدُدْ بِهٖٓ اَزْرِيْ ◆ يٰٓاَيَّتُهَا النَّفْسُ

(١) اَخِشْدُدْ (٢) اَخِيْ ۃ اُشْدُدْ

الْمُطْمَئِنَّةُ ۙ○ ارْجِعِيْٓ اِلٰى رَبِّكِ ◆ اِنَّ اَبَانَا لَفِيْ

(١) مُطْمَئِنَّتُرْجِعِيْ (٢) مُطْمَئِنَّهْ ۃ اِرْجِعِيْ

ضَلٰلٍ مُّبِيْنِ ۙ○ نِ اقْتُلُوْا يُوْسُفَ ◆ فَلَمَّا جَآءَهُمْ

(١) مُبِيْنِنِقْتُلُوْ (٢) مُبِيْنْ ۃ اُقْتُلُوْ

نَذِيْرٌ مَّا زَادَهُمْ اِلَّا نُفُوْرَاۨ اِسْتِكْبَارًا فِي الْاَرْضِ

(١) نُفُوْرَنِسْتِكْبَارًا (٢) نُفُوْرًا ۙ اِسْتِكْبَارًا

* * * * * * *

Lesson No. 38

After vertical Kasra ـٖ if there is a blank bend, the vertical Kasra changes to prolonged Kasra.

Example:— مجرىٖها is read as مَجْرٖهَا *(Majreha)*. It is not read as 'Majriha'. There is only one example of this kind in the Holy Quran.

* * * * * * *

Lesson No. 39

Small 'seen or nun'

A. Small print sin س is sometimes placed on top of the letter ص The sound of either letter may be pronounced.

Examples:—

يبصط may also be pronounced يبسط
بصطة may also be pronounced بسطة
المصيطرون may also be pronounced المسيطرون
بمصيطر may also be pronounced بمسيطر

B. Small print nun ن is sometimes written on top of a 'Nun'. These are read as two separate 'Nun'.

Example:— نجّى المومنين is pronounced ننجي المومنين *(Nunjilmo'minin)*

* * * * * * *

Lesson No. 40

Aliph Zaida

In the Holy Quran, there are several places where there is a blank

Aliph and there is a Fatha before it and no Jazm or Shadda after it. This, according to lessons 19 and 23 requires that Aliph be pronounced. But in these places it is not pronounced. Therefore such Aliph is called 'Aliph Zaida'.

Example:— افانئ مات is only read as افئمات . All such places where Aliph is superfluous are marked
1.   ملٰۂ   Everywhere in the Holy Quran is to be read ملئہ
2.   اٰنا   Everywhere in the Holy Quran is to be read اٰن

****

Note
****

"......No ammendment or alteration is to be done in this by reader, for each and everything of it is based on wisdom and experience. Even if (usefulness of) a thing is not understood, it is not to be tampered with......"

(Pir Manzoor Muhammad of Qadian)

****

****